Impressum
Verlag: BABADADA GmbH, Nedderfeld 112 , 22529 Hamburg
Geschäftsführer / Verlagsleitung: Harald Hof
Druck: Books on Demand GmbH, In de Tarpen 42, 22848 Norderstedt

Imprint
Publisher: BABADADA GmbH, Nedderfeld 112 , 22529 Hamburg, Germany
Managing Director / Publishing direction: Harald Hof
Print: Books on Demand GmbH, In de Tarpen 42, 22848 Norderstedt

l'école

paaralan

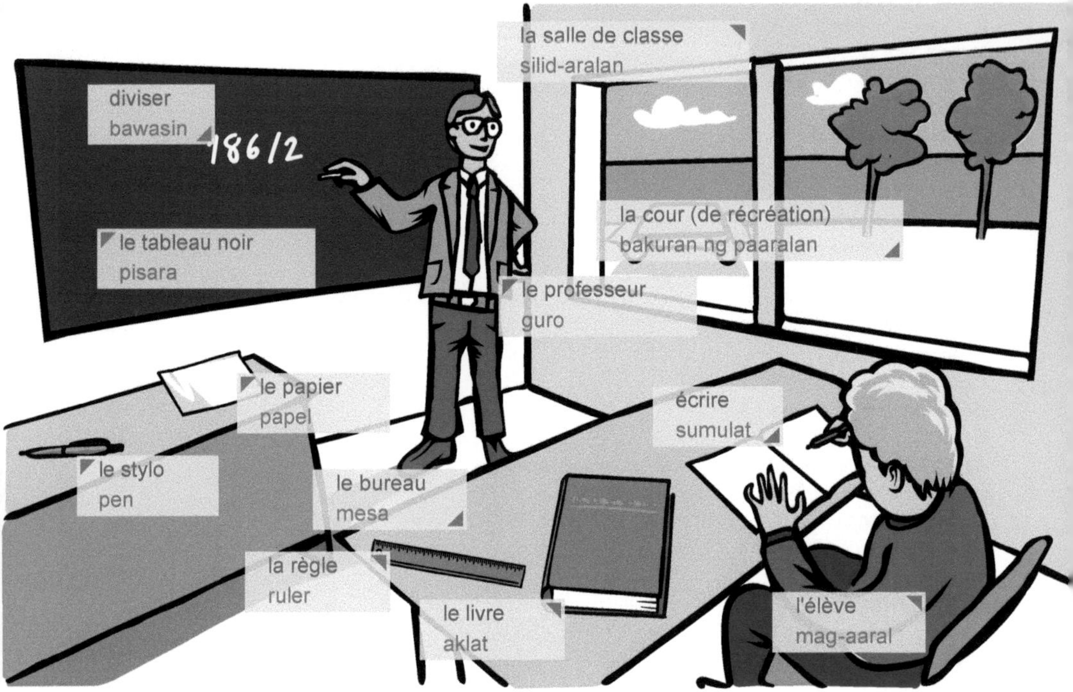
la salle de classe
silid-aralan
diviser
bawasin
186/2
le tableau noir
pisara
la cour (de récréation)
bakuran ng paaralan
le professeur
guro
le papier
papel
écrire
sumulat
le stylo
pen
le bureau
mesa
la règle
ruler
le livre
aklat
l'élève
mag-aaral

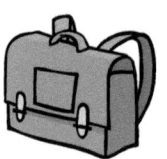

le cartable
satchel

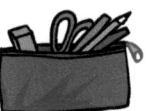

la trousse
lalagyan ng lapis

le crayon
lapis

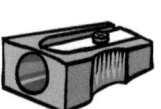

le taille-crayon
pantasa

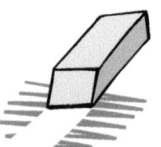

la gomme
goma

le carnet à dessin
drowing pad

le dessin

drowing

le pinceau

pinsel na pampinta

la boîte de peinture

kahon ng pinta

les ciseaux

gunting

la colle

pandikit

le cahier d'exercices

aklat para sa pagsasanay

les devoirs

takdang-aralin

le chiffre

numero

additionner

dagdagan

soustraire

bawasin

multiplier

paramihin

calculer

kalkulahin

la lettre

liham

l'alphabet

alpabeto

le mot

salita

le texte

teksto

lire

basahin

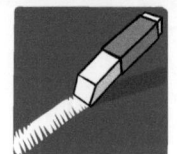

la craie

yeso

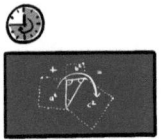

la leçon

leksyon

le livre de classe

rehistro

l'examen

eksaminasyon

le certificat

sertipiko

l'uniforme scolaire

uniporme sa paaralan

la formation

edukasyon

le lexique

encyclopedia

l'université

unibersidad

le microscope

mikroskopyo

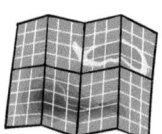

la carte

mapa

la corbeille à papier

basurahan ng papel

le voyage
paglalakbay

l'hôtel
hotel
Grand
l'auberge
hostel
ROOMS
CHANGE
le bureau de change
tanggapan ng palitan ng pera
la valise
maleta
la voiture
kotse

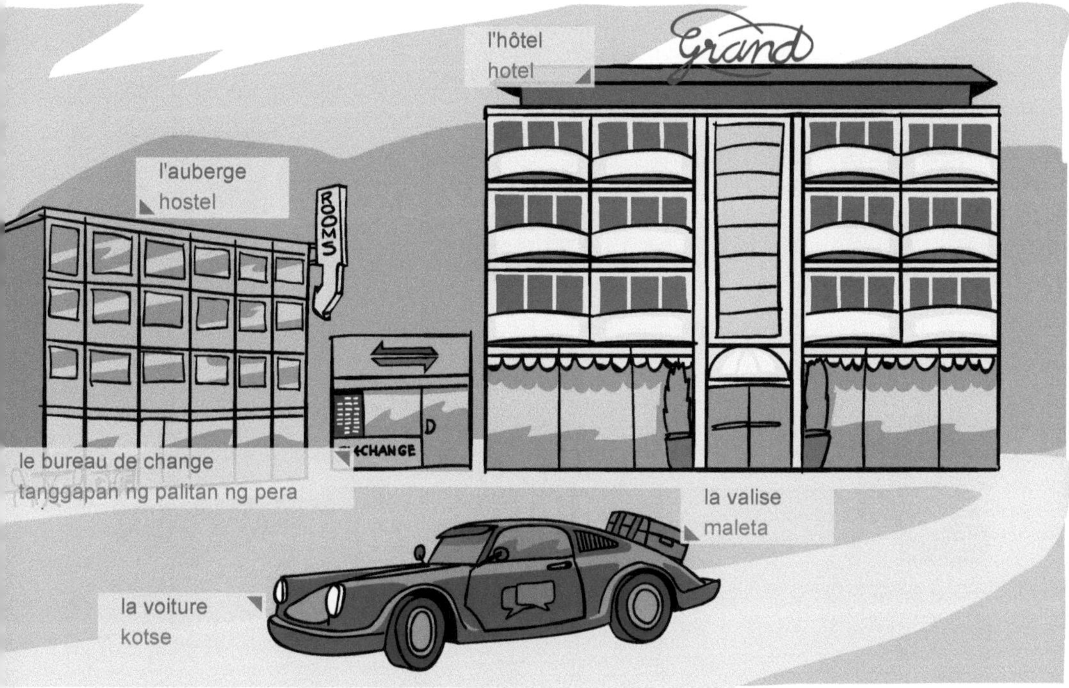

la langue

wika

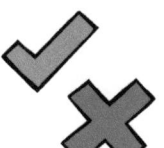

oui / non

oo / hindi

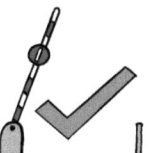

d'accord

Okey

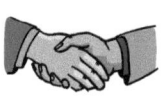

Salut

kumusta

l'interprète

tagapagsalin

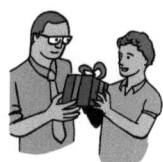

merci

Salamat

Combien coûte...?

magkano ang...?

Je ne comprends pas

Hindi ko maintindihan

le problème

problema

Bonsoir !

Magandang gabi!

Bonjour !

Magandang umaga!

Bonne nuit !

Magandang gabi!

Au revoir

paalam

la direction

direksyon

les bagages

bahage

le sac

bag

le sac-à-dos

napsak

l'hôte

panauhin

la pièce

silid

le sac de couchage

sakong tulugan

la tente

tolda

l'office de tourisme
·················
impormasyon ng turista

la plage
·················
dalampasigan

la carte de crédit
·················
credit card

le petit-déjeuner
·················
almusal

le déjeuner
·················
tanghalian

le dîner
·················
hapunan

le billet
·················
tiket

l'ascenseur
·················
elebeytor

le timbre
·················
selyo

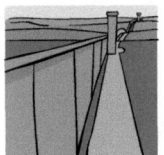

la frontière
·················
hangganan

la douane
·················
adwana

l'ambassade
·················
embahada

le visa
·················
visa

le passeport
·················
pasaporte

le transport
transportasyon

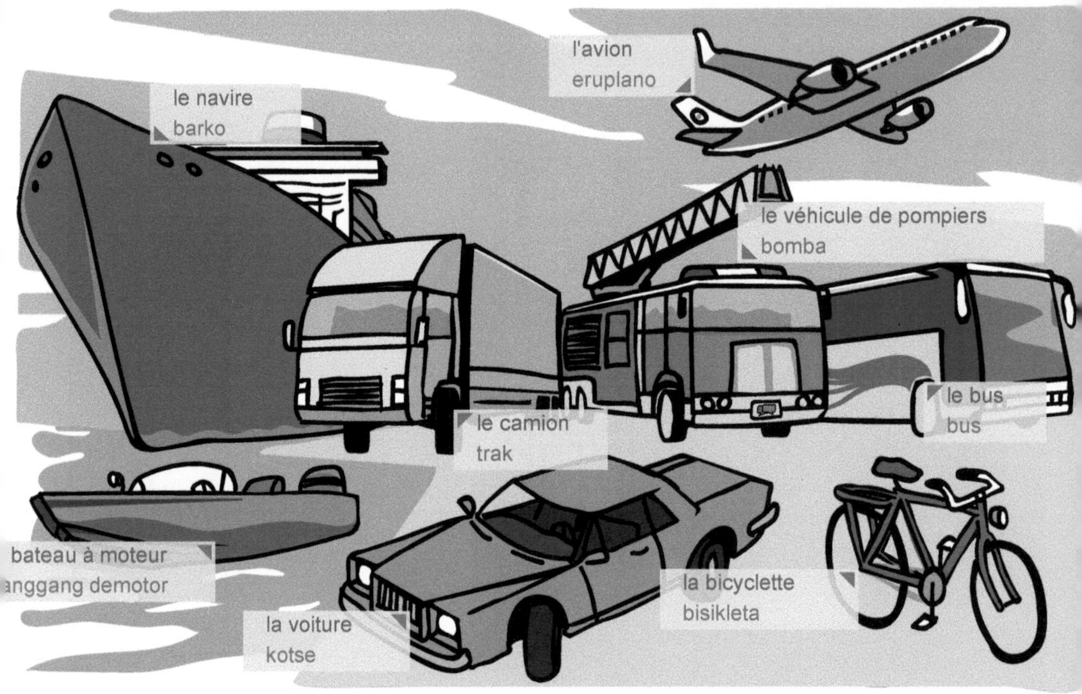
l'avion
eruplano
le navire
barko
le véhicule de pompiers
bomba
le bus
bus
le camion
trak
bateau à moteur
anggang demotor
la bicyclette
bisikleta
la voiture
kotse

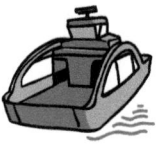

le ferry

lantsang pantawid

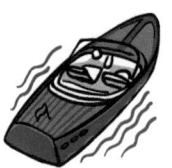

la barque

bangka

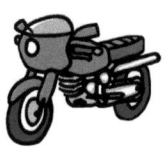

la moto

motorsiklo

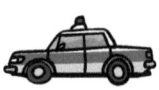

la voiture de police

sasakyan ng pulis

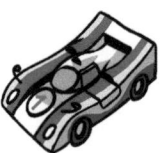

la voiture de course

kotseng pangkarera

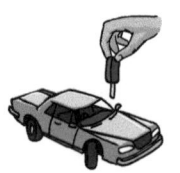

la voiture de location

nirerentahang kotse

l'auto-partage

car sharing

la voiture de remorquage

trak na panghila

la benne à ordures

trak na pantapon ng basura

le moteur

motor

l'essence

panggatong

la station d'essence

gasolinahan

le panneau indicateur

karatula ng trapiko

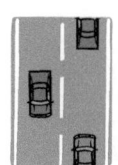

le trafic

trapiko

l'embouteillage

masikip na trapiko

le parking

paradahan ng kotse

la gare

estasyon ng tren

les rails

riles

le train

tren

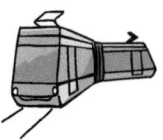

le tramway

trambya

le wagon

wagon

l'hélicoptère
helikopter

l'aéroport
paliparan

la tour
tore

le passager
pasahero

le conteneur
sisidlan

le carton
karton

le chariot
kariton

la corbeille
basket

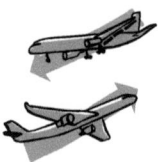

décoller / atterrir
umalis / lumapag

la ville

lungsod

le village
nayon

le centre-ville
sentro ng lungsod

la maison
bahay

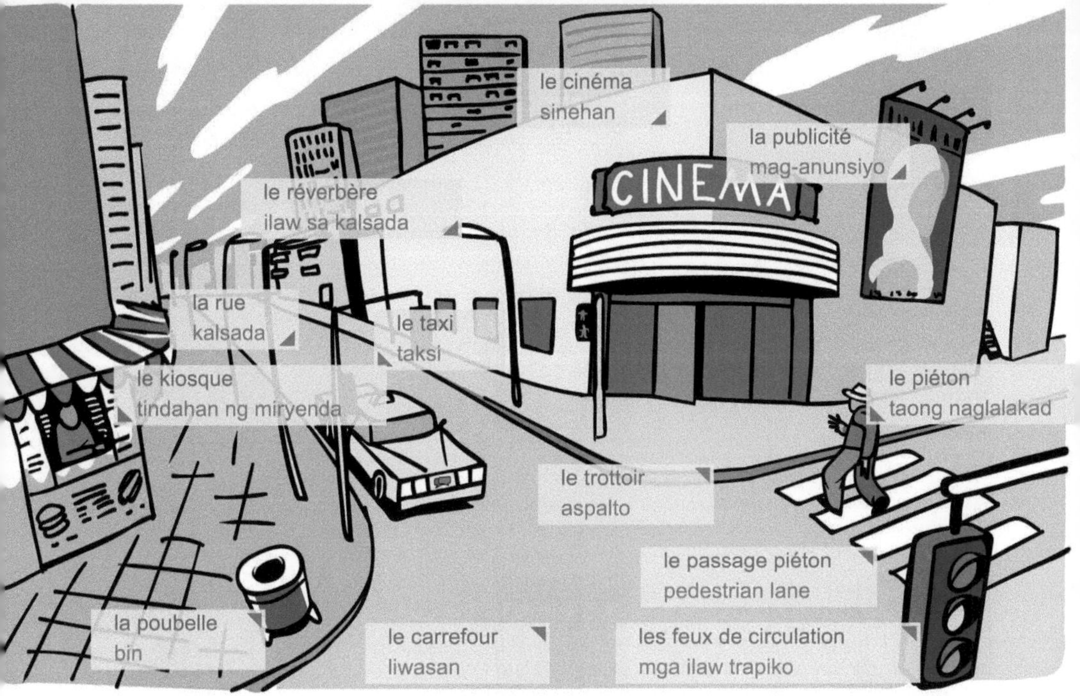

le cinéma
sinehan

la publicité
mag-anunsiyo

le réverbère
ilaw sa kalsada

CINEMA

la rue
kalsada

le taxi
taksi

le kiosque
tindahan ng miryenda

le piéton
taong naglalakad

le trottoir
aspalto

le passage piéton
pedestrian lane

la poubelle
bin

le carrefour
liwasan

les feux de circulation
mga ilaw trapiko

la cabane

kubo

l'appartement

patag

la gare

estasyon ng tren

la mairie

munisipyo

le musée

museo

l'école

paaralan

l'université

unibersidad

la banque

bangko

l'hôpital

ospital

l'hôtel

hotel

la pharmacie

parmasya

le bureau

opisina

la librairie

tindahan ng aklat

le magasin

tindahan

le fleuriste

tindahan ng bulaklak

le supermarché

supermarket

le marché

palengke

le grand magasin

department store

la poissonnerie

tindahan ng isda

le centre commercial

sentrong pamilihan

le port

daungan

le parc

parke

la banque

bangko

le pont

tulay

les escaliers

hagdan

le métro

underground

le tunnel

tunel

l'arrêt de bus

hintuan ng bus

le bar

bar

le restaurant

restawran

la boîte à lettres

kahon ng koreo

le panneau indicateur

karatula sa kalsada

le parcmètre

metro ng paradahan

le zoo

zoo

le réverbère

swimming pool

la mosquée

moske

la ferme

bukid

la pollution

polusyon

la cimetière

libingan

l'église

simbahan

l'aire de jeux

palaruan

le temple

templo

le paysage

tanawin

la feuille
dahon

le panneau indicateur
posteng pananda

le chemin
daan

le pré
parang

la pierre
bato

le randonneur
hiker

l'arbre
kahoy

la rivière
ilog

l'herbe
damo

la fleur
bulaklak

la vallée

lambak

la montagne

burol

le lac

look

la forêt

kagubatan

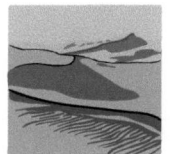

le désert

disyerto

le volcan

bulkan

le château

kastilyo

l'arc-en-ciel

bahaghari

le champignon

kabute

le palmier

palmera

le moustique

lamok

la mouche

langaw

les fourmis

langgam

l'abeille

bubuyog

l'araignée

gagamba

le coléoptère

salagubang

la grenouille

palaka

l'écureuil

ardilya

le hérisson

parkupino

le lièvre

liyebre

la chouette

kuwago

l'oiseau

ibon

le cygne

sisne

le sanglier

bulugan

le cerf

usa

l'élan

moose

le barrage

dam

l'éolienne

turbina ng hangin

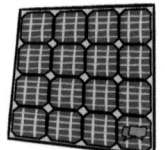

le panneau solaire

solar panel

le climat

klima

le restaurant

restawran

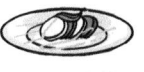

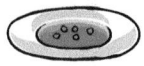

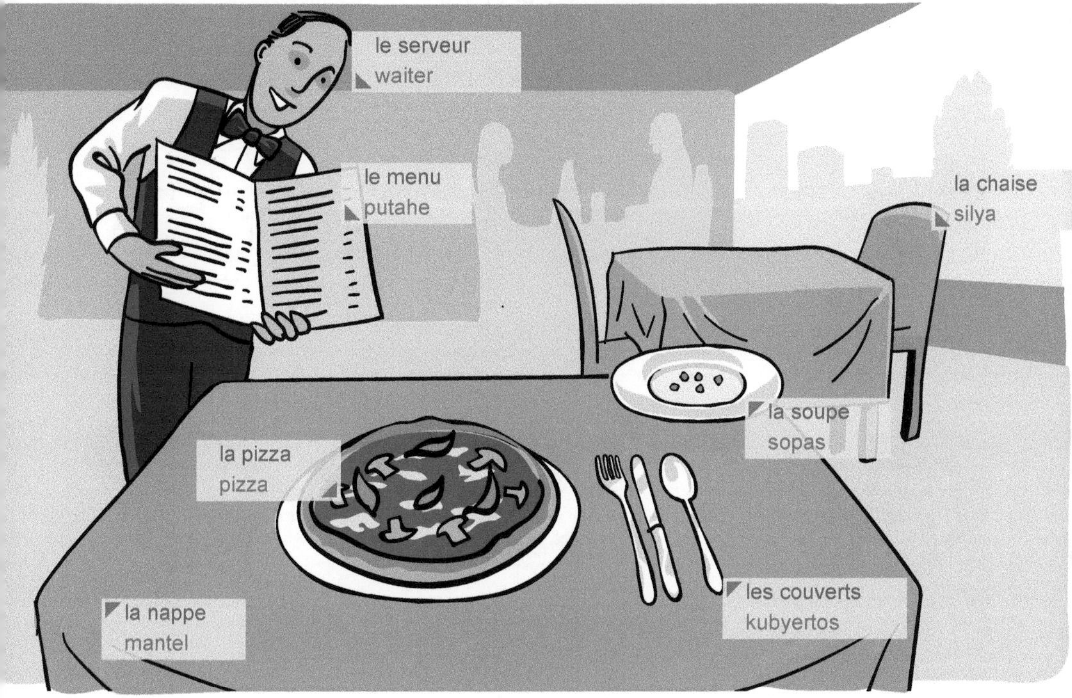

le serveur
waiter
le menu
putahe
la chaise
silya
la soupe
sopas
la pizza
pizza
les couverts
kubyertos
la nappe
mantel

les hors d'œuvre

panimula

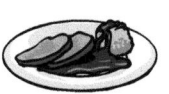

le plat principal

pangunahing pagkain

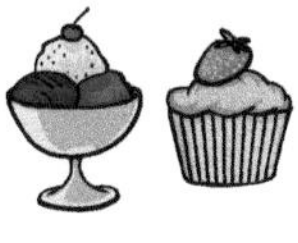

le dessert

panghimagas

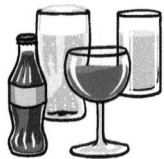

les boissons

inumin

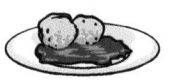

l'alimentation

pagkain

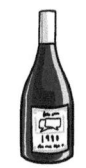

la bouteille

bote

le fast-food

fastfood

les plats à emporter

pagkaing kalye

la théière

tsarera

le sucrier

panutsa

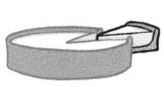

la portion

bahagi

la machine à expresso

espresso machine

la chaise haute

mataas na upuan

la facture

bayarin

le plateau

bandehado

le couteau

kutsilyo

la fourchette

tinidor

la cuillère

kutsara

la cuillère à thé

kutsarita

la serviette

serviette

le verre

baso

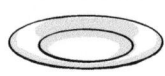

l'assiette
pinggan

l'assiette à soupe
platong pansopas

la soucoupe
platito

la sauce
sawsawan

la salière
pangkalog ng asin

le moulin à poivre
panggiling ng paminta

le vinaigre
suka

l'huile
langis

les épices
pampalasa

le ketchup
ketsup

la moutarde
mustasa

la mayonnaise
mayonnaise

le supermarché

supermarket

l'offre promotionnelle
espesyal na alok
FOR
le client
kustomer
les produits laitiers
produktong mantikilya
les fruits
prutas
le chariot
troli

BUTCHERS

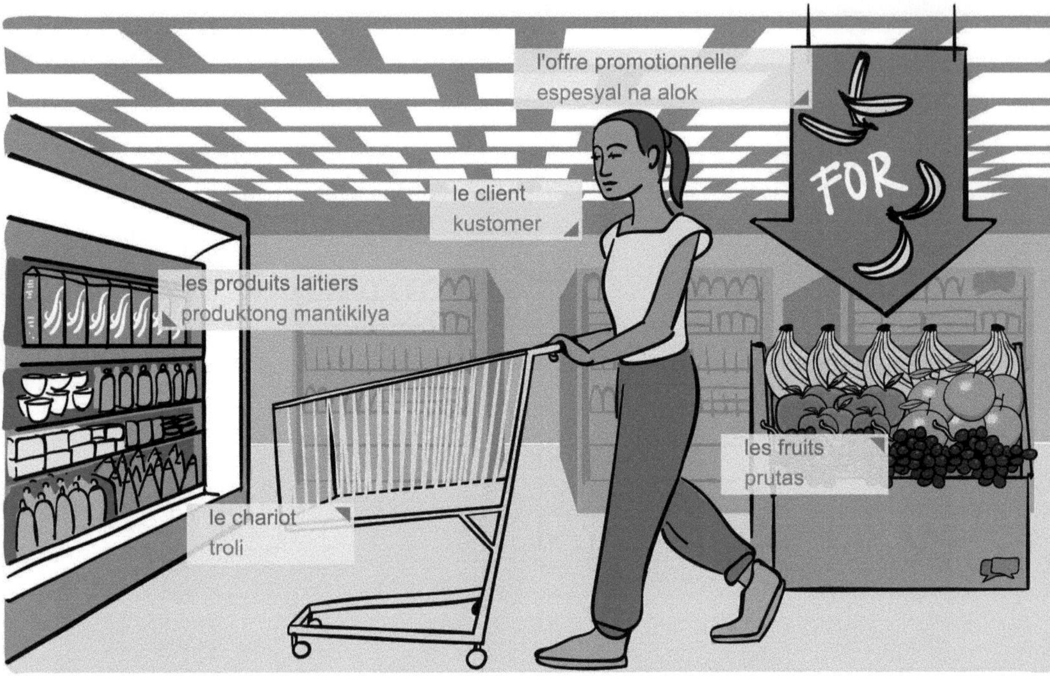

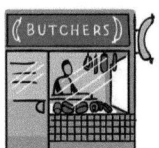

la boucherie

butser

BAKERY

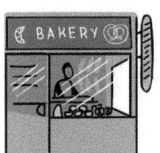

la boulangerie

panaderya

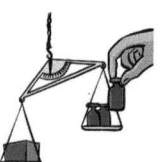

peser

timbang

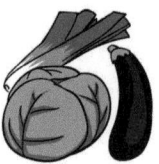

les légumes

mga gulay

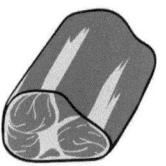

la viande

karne

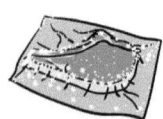

les aliments surgelés

pinalamig na pagkain

la charcuterie

malamig na karne

les conserves

delatang pagkain

la poudre à lessive

pulbos na panlaba

les bonbons

matatamis

les articles ménagers

mga produktong pambahay

les détergents

mga produktong panlinis

la vendeuse

tindera

la caisse

cash register

le caissier

kahera

la liste d'achats

listahan ng pinamili

les heures d'ouverture

oras ng pagbubukas

le portefeuille

pitaka

la carte de crédit

credit card

le sac

bag

le sac en plastique

plastik bag

l'eau

tubig

le jus de fruit

juice

le lait

gatas

le coca

coke

le vin

alak

la bière

serbesa

l'alcool

alak

le chocolat chaud

kakaw

le thé

tsaa

le café

kape

l'expresso

espresso

le cappuccino

cappuccino

la banane

saging

la pomme

mansanas

l'orange

kahel

le melon

melon

le citron.

limon

la carotte

carrot

l'ail

bawang

le bambou

kawayan

l'oignon

sibuyas

le champignon

kabute

les noisettes

mani

les pâtes

noodles

les spaghetti

spaghetti

le riz

bigas

la salade

ensalada

les pommes frites

chips

les pommes de terre rôties

pritong patatas

la pizza

pizza

le hamburger

hamburger

le sandwich

sandwich

l'escalope

piraso ng karneng walang buto

le jambon

hamon

le salami

salami

la saucisse

tsoriso

le poulet

manok

le rôti

inihaw

le poisson

isda

les flocons d'avoine

mga porridge oat

le muesli

muesli

les cornflakes

cornflakes

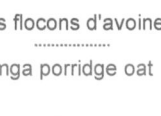

la farine

harina

le croissant

croissant

les petits-pains

rolyong tinapay

le pain

tinapay

le pain grillé

tostado

les biscuits

biskuwit

le beurre

mantikilya

le fromage blanc

keso

le gâteau

keyk

l'œuf

itlog

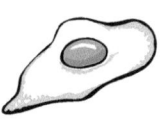

l'œuf au plat

pritong itlog

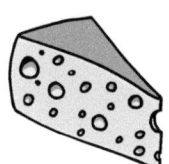

le fromage

keso

la glace
sorbetes

le sucre
asukal

le miel
pulot

la confiture
jam

la crème nougat
tsokolateng pinapahid

le curry
curry

la ferme
bukid

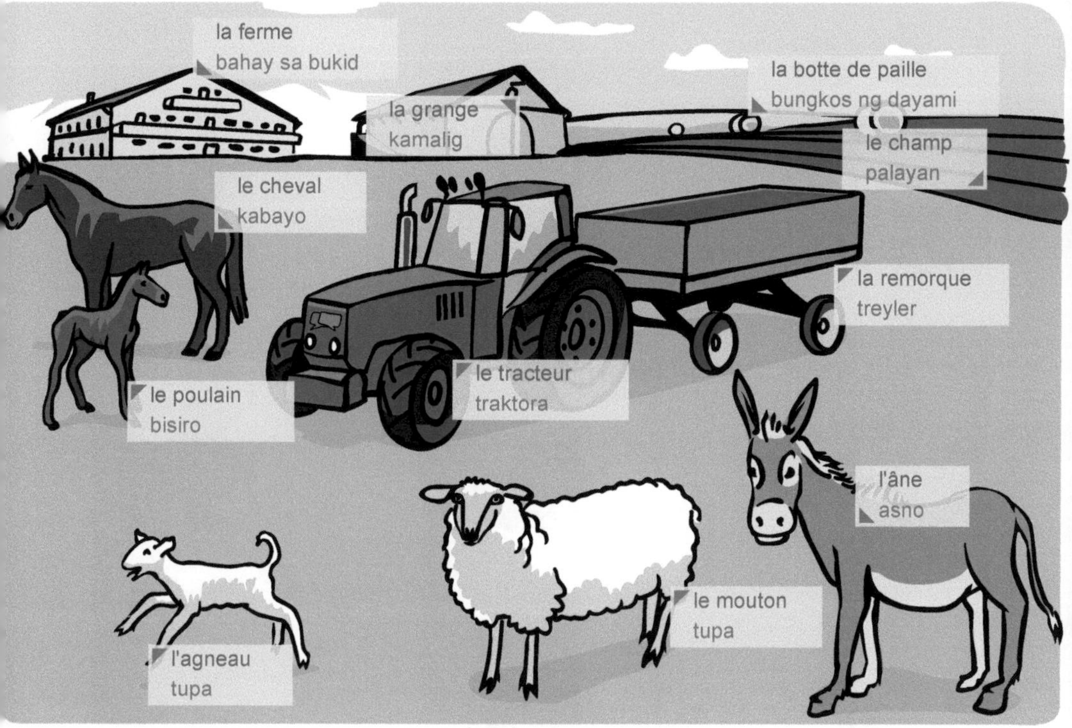

la ferme
bahay sa bukid
la grange
kamalig
la botte de paille
bungkos ng dayami
le champ
palayan
le cheval
kabayo
la remorque
treyler
le tracteur
traktora
le poulain
bisiro
l'âne
asno
le mouton
tupa
l'agneau
tupa

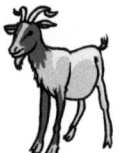

la chèvre
kambing

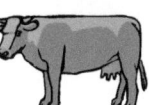

la vache
baka

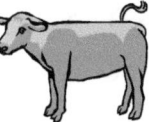

le veau
guya

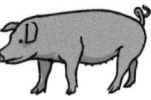

le porc
baboy

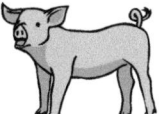

le porcelet
biik

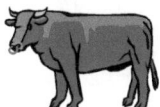

le taureau
toro

l'oie

gansa

le canard

pato

le poussin

sisiw

la poule

inahin

le coq

katyaw

le rat

daga

le chat

pusa

la souris

daga

le bœuf

kapong baka

le chien

aso

le chenil

bahay ng aso

le tuyau de jardin

hose sa hardin

l'arrosoir

latang pandilig

la faucheuse

haras

la charrue

araro

la faucille

karit

la pioche

asarol

la fourche

tuhugin

la hache

palakol

la brouette

karitela

la cuve

sabsaban

le pot à lait

lata ng gatas

le sac

sako

la clôture

bakod

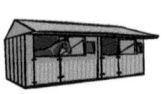

l'étable

kuwadra

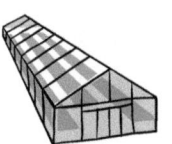

le serre

punlaan

le sol

lupa

les semences

buto

l'engrais

pataba

la moissonneuse-batteuse

combine harvester

récolter

mag-ani

la récolte

ani

l'igname

yams

le blé

trigo

le soja

soya

la pomme de terre

patatas

le maïs

mais

le colza

rapeseed

l'arbre fruitier

kahoy na namumunga

le manioc

kamoteng kahoy

les céréales

siryal

la maison

bahay

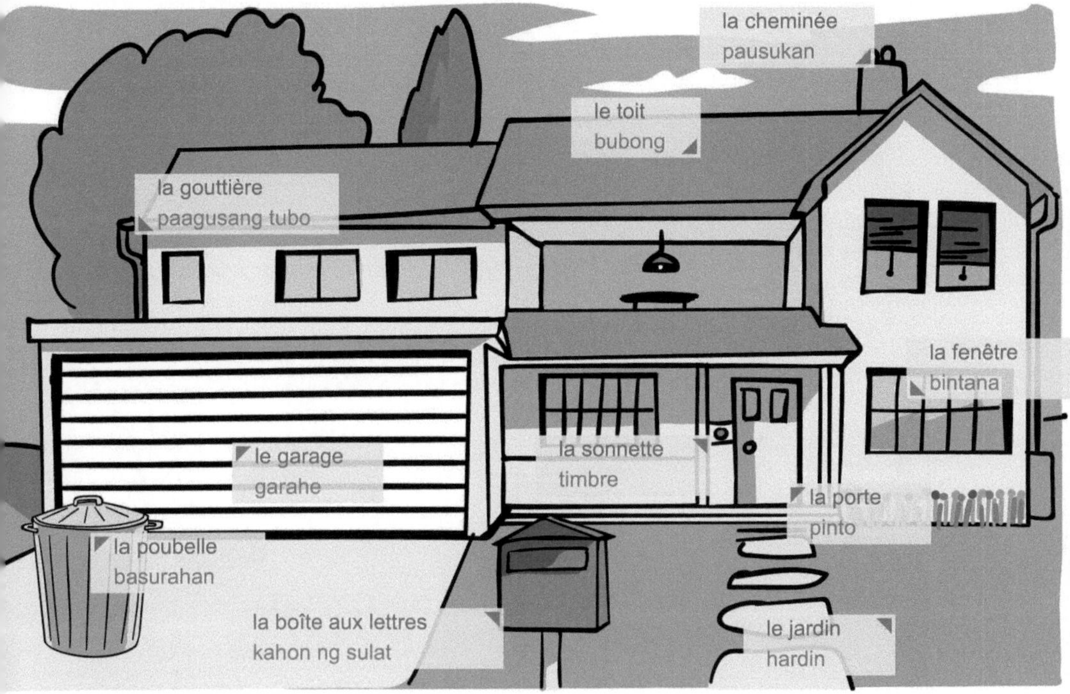

la cheminée
pausukan
le toit
bubong
la gouttière
paagusang tubo
la fenêtre
bintana
le garage
garahe
la sonnette
timbre
la porte
pinto
la poubelle
basurahan
la boîte aux lettres
kahon ng sulat
le jardin
hardin

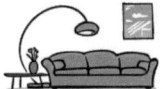

le salon

salas

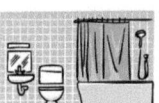

la salle de bain

palikuran

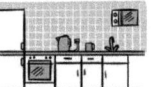

la cuisine

kusina

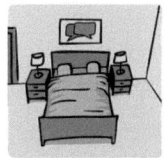

la chambre à coucher

silid-tulugan

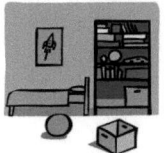

la chambre d'enfant

silid ng bata

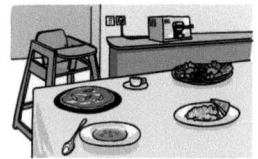

la salle à manger

hapag-kainan

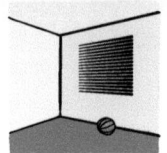

le sol

sahig

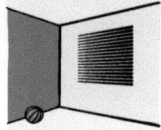

le mur

pader

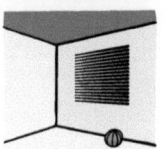

le plafond

kisame

la cave

bodega ng alak

le sauna

sauna

le balcon

balkonahe

la terrasse

terasa

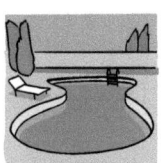

la piscine

pool

la tondeuse à gazon

pamputol ng damo

la housse

piraso ng papel

la couette

kobrekama

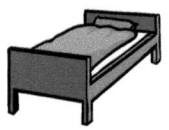

le lit

higaan

le balai

walis

le sceau

timba

l'interrupteur

pindutan

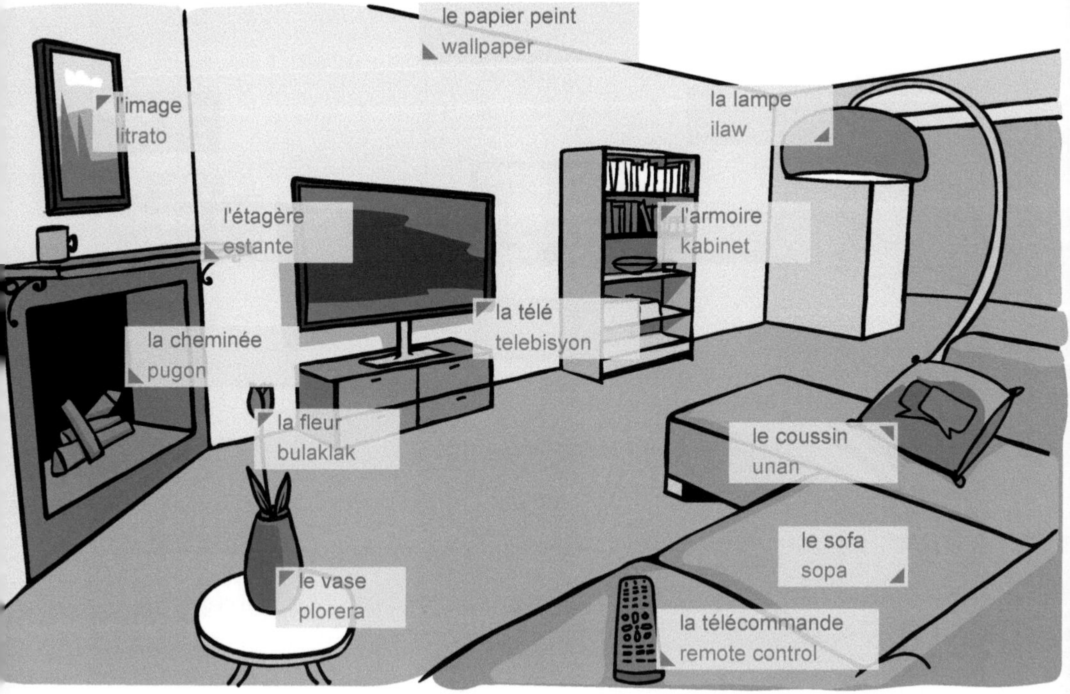

le papier peint
wallpaper

l'image
litrato

la lampe
ilaw

l'étagère
estante

l'armoire
kabinet

la cheminée
pugon

la télé
telebisyon

la fleur
bulaklak

le coussin
unan

le sofa
sopa

le vase
plorera

la télécommande
remote control

le tapis
karpet

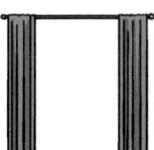

le rideau
kurtina

la table
mesa

la chaise
silya

la chaise à bascule
tumba-tumba

le fauteuil
sandalan

le livre

aklat

la couverture

kumot

la décoration

dekorasyon

le bois de chauffage

kahoy na panggatong

le film

pelikula

la chaîne hi-fi

hi-fi

la clé

susi

le journal

dyaryo

la peinture

pinta

le poster

poster

la radio

radyo

le bloc-notes

kuwaderno

l'aspirateur

vacuum cleaner

le cactus

kaktus

la bougie

kandila

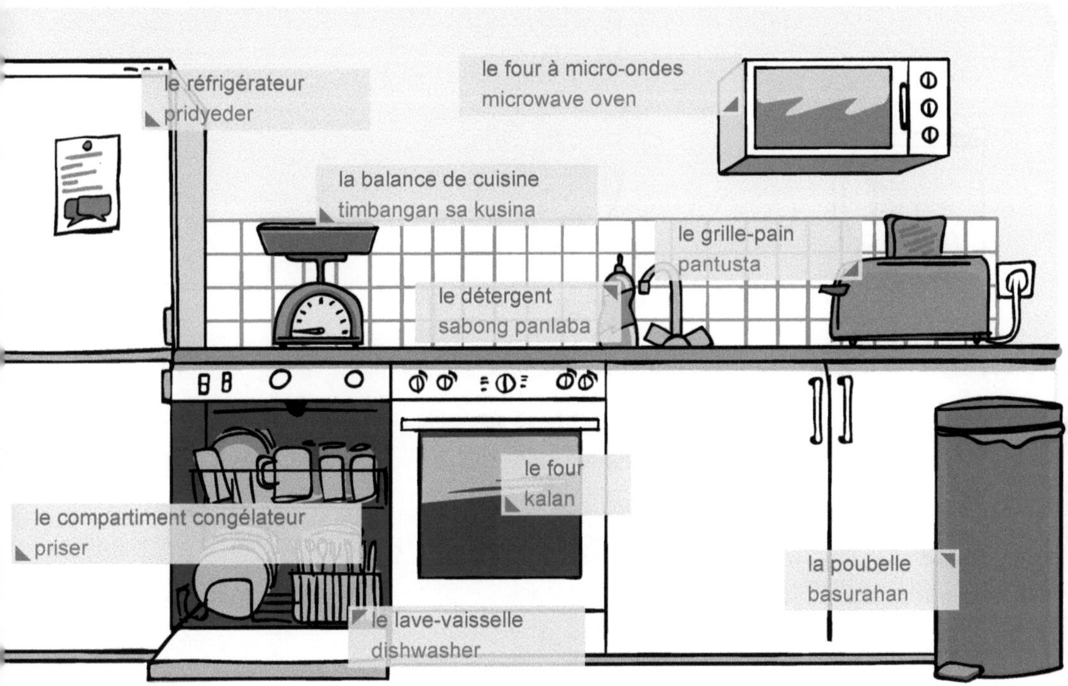

le réfrigérateur
pridyeder

le four à micro-ondes
microwave oven

la balance de cuisine
timbangan sa kusina

le grille-pain
pantusta

le détergent
sabong panlaba

le four
kalan

le compartiment congélateur
priser

la poubelle
basurahan

le lave-vaisselle
dishwasher

le four

lutuan

la casserole

kaldero

la marmite

kalderong bakal

le wok / kadai

wok / kadai

la poêle

kawali

la bouilloire electrique

takore

le cuiseur vapeur

pasingawan

la plaque de cuisson

bandehado sa paghuhurno

la vaisselle

babasagin

le gobelet

mug

la coupe

mangkok

les baguettes

sipit ng intsik

la louche

sandok

la spatule

spatula

le fouet

pampalis

la passoire

pansala

le tamis

salaan

la râpe

pangkayod

le mortier

almires

le barbecue

barbikyo

la cheminée

siga

la planche à découper

tadtaran

le rouleau à pâtisserie

rodilyo

le tire-bouchon

tribuson

la boîte

lata

l'ouvre-boîte

pambukas ng lata

les maniques

panghawak ng kaldero

le lavabo

lababo

la brosse

bras

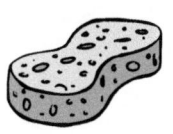

l'éponge

espongha

le mixeur

blender

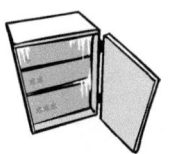

le congélateur

malalim na freezer

le biberon

bote ng sanggol

le robinet

gripo

la salle de bain

palikuran

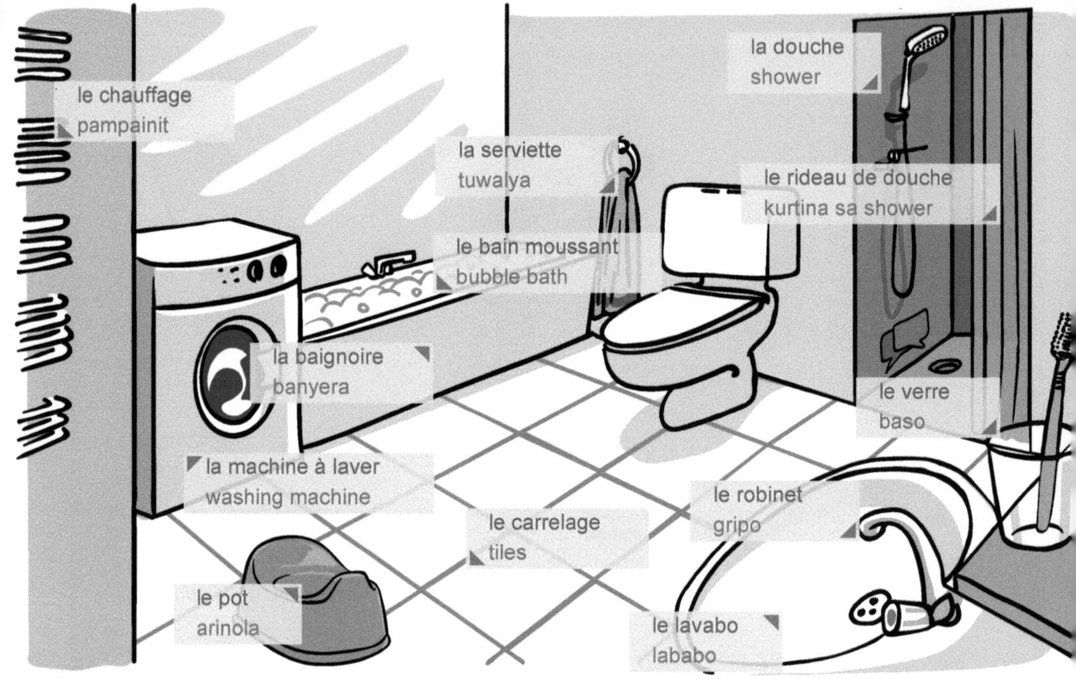

la douche
shower
le chauffage
pampainit
la serviette
tuwalya
le rideau de douche
kurtina sa shower
le bain moussant
bubble bath
la baignoire
banyera
le verre
baso
la machine à laver
washing machine
le robinet
gripo
le carrelage
tiles
le pot
arinola
le lavabo
lababo

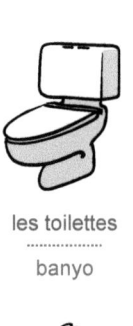

les toilettes

banyo

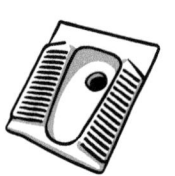

la toilette à la turque

squat toilet

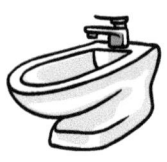

le bidet

bidet

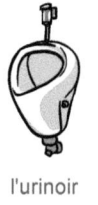

l'urinoir

ihian

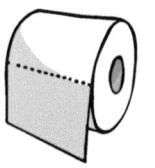

le papier toilette

toilet paper

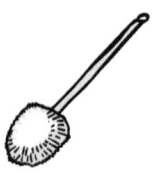

la brosse à toilette

iskoba sa banyo

la brosse à dents

sipilyo

le dentifrice

tutpeyst

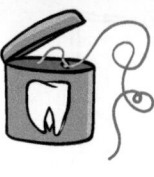

le fil dentaire

dental floss

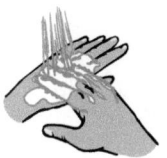

laver

hugasan

la douche manuelle

shower na hinahawakan

la douche intime

dutsa

la vasque

palanggana

la brosse dorsale

bras panlikod

le savon

sabon

le gel douche

shower gel

le shampooing

shampoo

le gant de toilette

pranela

l'écoulement

paagusan

la crème

krema

le déodorant

deodorant

le miroir

salamin

le miroir cosmétique

salaming hinahawakan

le rasoir

pang-ahit

la mousse à raser

bulang pang-ahit

l'après-rasage

aftershave

la peigne

suklay

la brosse

brush

le sèche-cheveux

pantuyo ng buhok

la laque pour cheveux

sprey sa buhok

le fond de teint

makeup

le rouge à lèvres

lipistik

le vernis à ongles

pampakintab ng kuko

l'ouate

bulak na lana

le coupe-ongles

panggupit ng kuko

le parfum

pabango

la trousse de toilette

washbag

le tabouret

stool

le pèse-personne

timbangan

le peignoir

bata

les gants de nettoyage

gomang guwantes

le tampon

tampon

les serviettes hygiéniques

malinis na tuwalya

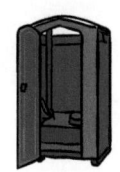

la toilette chimique

chemical toilet

la chambre d'enfant

silid ng bata

le réveil
alarm clock
le doudou
nayayakap na laruan
la voiture jouet
laruang kotse
le hochet
kuliling
la maison de poupée
bahay ng manika
le cadeau
regalo

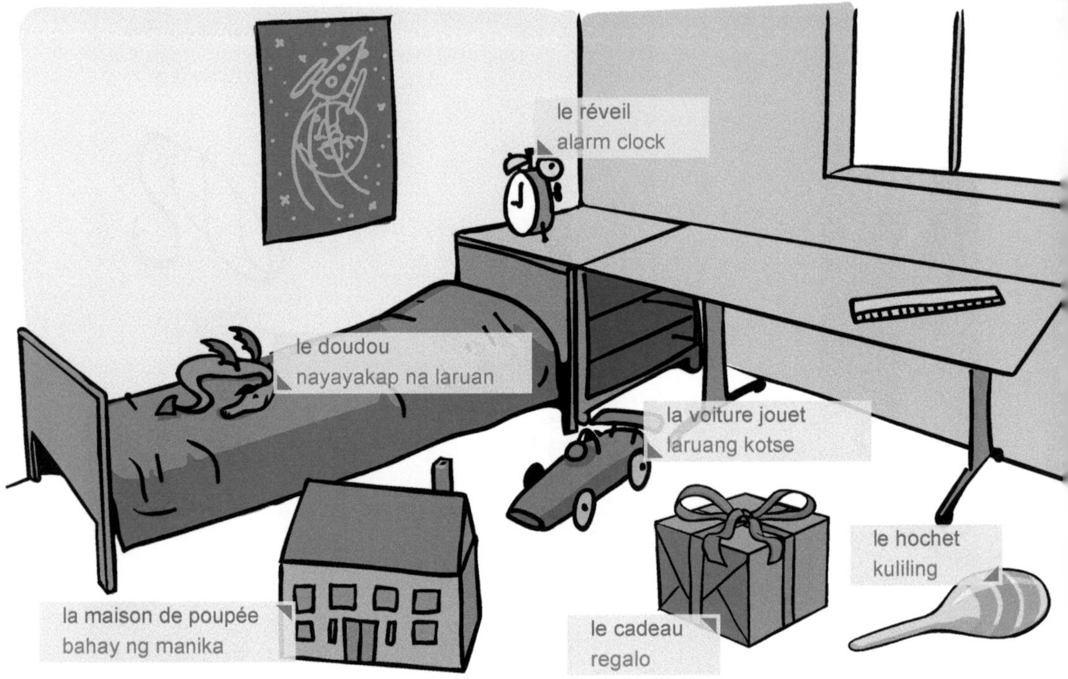

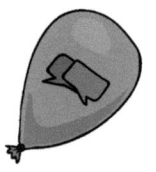

le ballon

lobo

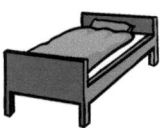

le lit

higaan

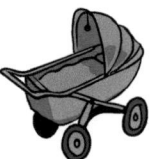

la poussette

pram

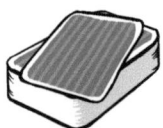

le jeu de cartes

hanay ng mga baraha

le puzzle

jigsaw

SUPER
MEGA

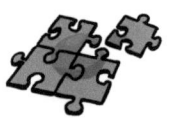

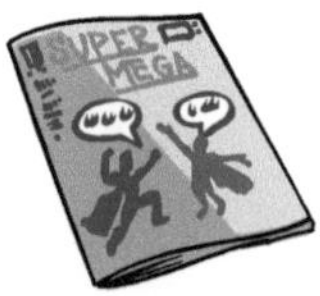

la bande dessinée

komiks

les pièces lego

lego bricks

les blocs de construction

blokeng laruan

la figurine

action figure

la grenouillère

paglaki ng sanggol

le frisbee

frisbee

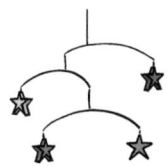

le mobile

mobile

le jeu de société

board game

le dé

dice

le train miniature

model train set

la sucette

manikin

la fête

salu-salo

le livre d'images

aklat ng mga litrato

la balle

bola

la poupée

manika

jouer

maglaro

le bac à sable

tibagan ng buhangin

la balançoire

duyan

les jouets

mga laruan

la console de jeu

video game console

le tricycle

traysikel

l'ours en peluche

teddy bear

l'armoire

aparador

les vêtements

pananamit

les chaussettes

medyas

les bas

stockings

le collant

pampitis

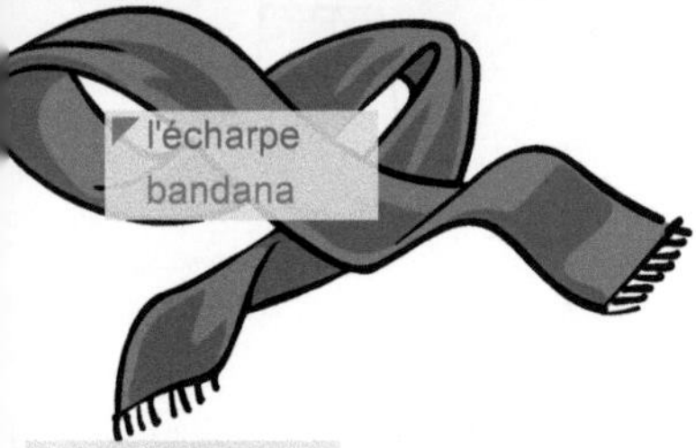

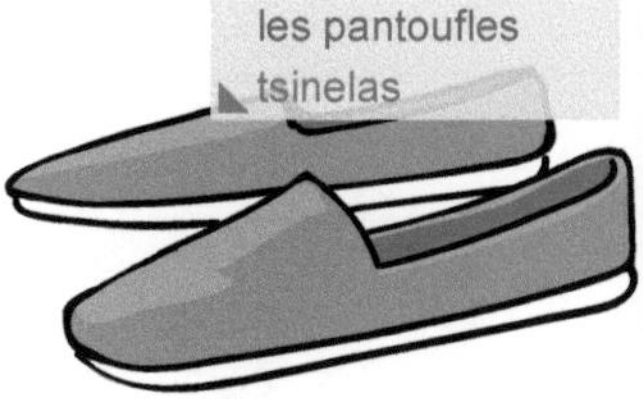

l'écharpe
bandana

le parapluie
payong

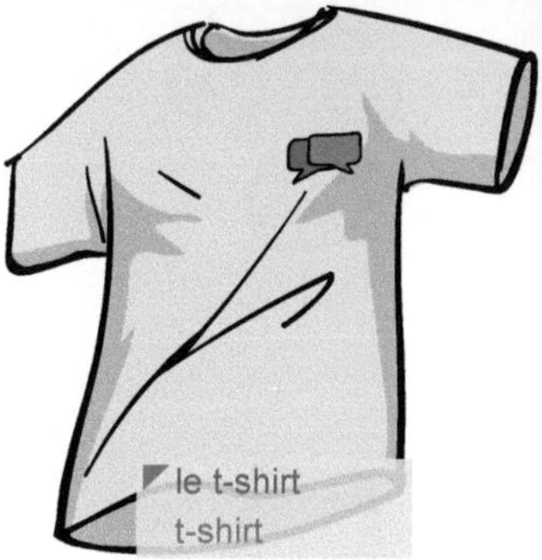

le t-shirt
t-shirt

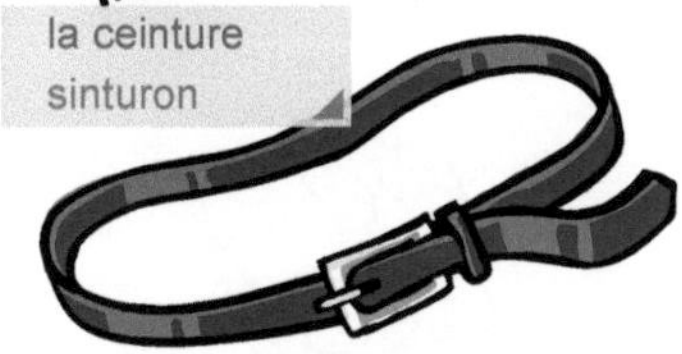

la ceinture
sinturon

les bottes
bota

les pantoufles
tsinelas

les baskets
sneakers

les sandales

sandalyas

les chaussures

sapatos

les bottes de caoutchouc

botang degoma

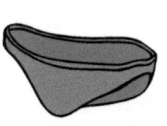

les sous-vêtements

salawal

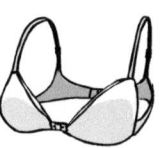

le soutien-gorge

bra

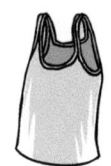

le maillot de corps

tsaleko

les vêtements - pananamit

le body

katawan

le pantalon

pantalon

le jean

jeans

la jupe

palda

le chemisier

blusa

la chemise

kamiseta

le pull

pullover

le sweat à capuche

panlamig

la veste

blazer

la veste

diyaket

le manteau

kapa

l'imperméable

kapote

le costume

kasuotan

la robe

bistida

la robe de mariée

damit pangkasal

le costume

terno

la chemise de nuit

damit pantulog

le pyjama

padyama

le sari

sari

le foulard

bandana sa ulo

le turban

turban

la burqa

burka

le caftan

kaftan

l'abaya

abaya

le maillot de bain

panlangoy

le maillot de bain

trunks

le short

salawal

la tenue d'entraînement

tracksuit

le tablier

apron

les gants

guwantes

le bouton

butones

les lunettes

salamin

le bracelet

pulseras

le collier

kuwintas

la bague

singsing

la boucle d'oreille

hikaw

le bonnet

takip

le cintre

sabitan ng kapa

le chapeau

sombrero

la cravate

kurbata

la fermeture éclair

siper

le casque

helmet

les bretelles

tirante

l'uniforme scolaire

uniporme sa paaralan

l'uniforme

uniporme

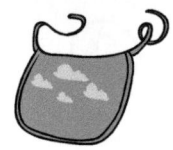

le bavoir

bibero

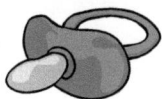

la sucette

manikin

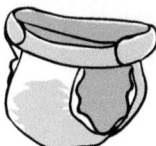

la lange

lampin

le bureau

opisina

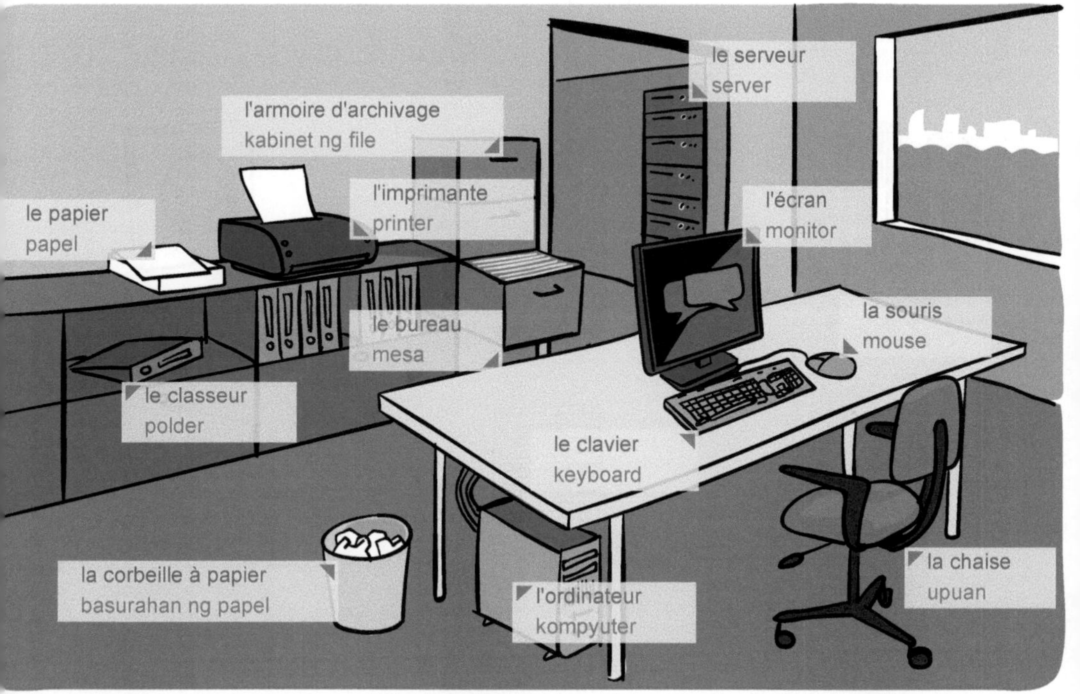
le serveur
server
l'armoire d'archivage
kabinet ng file
le papier
papel
l'imprimante
printer
l'écran
monitor
le bureau
mesa
la souris
mouse
le classeur
polder
le clavier
keyboard
la corbeille à papier
basurahan ng papel
l'ordinateur
kompyuter
la chaise
upuan

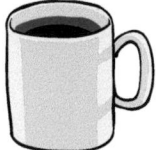

la tasse de café

tasa ng kape

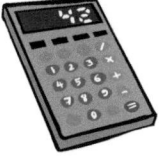

la calculatrice

calculator

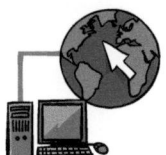

l'internet

internet

l'ordinateur portable
·······················
laptop

la lettre
·······················
sulat

le message
·······················
mensahe

le portable
·······················
mobile

le réseau
·······················
network

la photocopieuse
·······················
photocopier

le logiciel
·······················
software

le téléphone
·······················
telepono

la prise
·······················
saksakan

le fax
·······················
fax machine

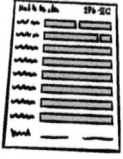

le formulaire
·······················
anyo

le document
·······················
dokumento

acheter

bumili

payer

magbayad

faire du commerce

ikalakal

la monnaie

pera

USD

le dollar

dolyar

EUR

l'euro

euro

JPY

le yen

yen

RUB

le rouble

rublo

CHF

le franc suisse

swiss franc

CNY

le renminbi yuan

renminbi yuan

INR

la roupie

rupee

le distributeur automatique

cash point

le bureau de change

tanggapan ng palitan ng pera

l'or

ginto

l'argent

tanso

le pétrole

langis

l'énergie

enerhiya

le prix

presyo

le contrat

kontrata

la taxe

buwis

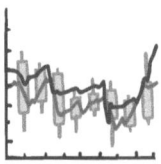

l'action

stock

travailler

trabaho

l'employé

empleyado

l'employeur

taga-empleyo

l'usine

pabrika

le magasin

tindahan

les professions

mga trabaho

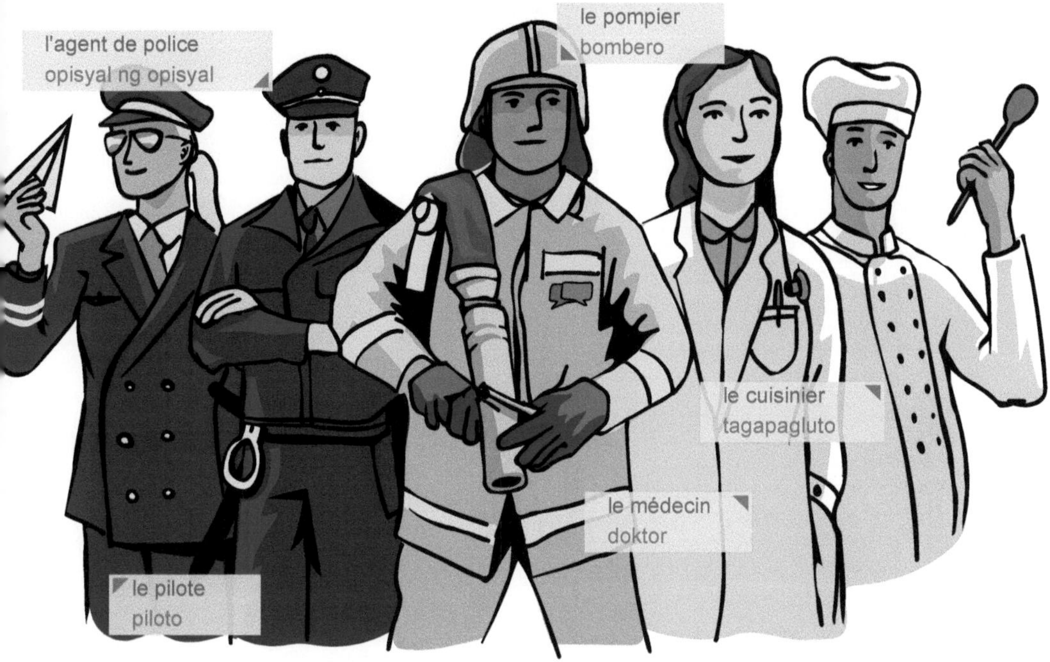

l'agent de police
opisyal ng opisyal
le pompier
bombero
le cuisinier
tagapagluto
le médecin
doktor
le pilote
piloto

le jardinier

hardinero

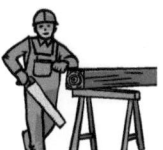

le menuisier

karpentero

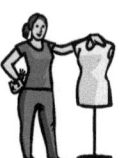

la couturière

mananahi

le juge

hukom

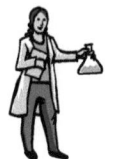

le chimiste

kemiko

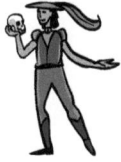

l'acteur

aktor

le conducteur de bus

tsuper ng bus

le chauffeur de taxi

tsuper ng taxi

le pêcheur

mangingisda

la femme de ménage

tagapaglinis

le couvreur

tagapagkabit ng bubong

le serveur

waiter

le chasseur

mangangaso

le peintre

pintor

le boulanger

panadero

l'électricien

elektrisyan

l'ouvrier

tagapagtayo

l'ingénieur

inhinyero

le boucher

magkakarne

le plombier

tubero

le facteur

kartero

les professions - mga trabaho

le soldat

sundalo

l'architecte

arkitekto

le caissier

kahera

le fleuriste

magtitinda ng bulaklak

le coiffeur

manggugupit

le contrôleur

konduktor

le mécanicien

mekaniko

le capitaine

kapitan

le dentiste

dentista

le scientifique

siyentipiko

le rabbin

rabbi

l'imam

imam

le moine

monghe

le prêtre

klero

les professions - mga trabaho

les outils
mga kagamitan

le marteau
martilyo
les pinces
plais
le tournevis
distornilyador
la clé
lyabe
la torche
tanglaw

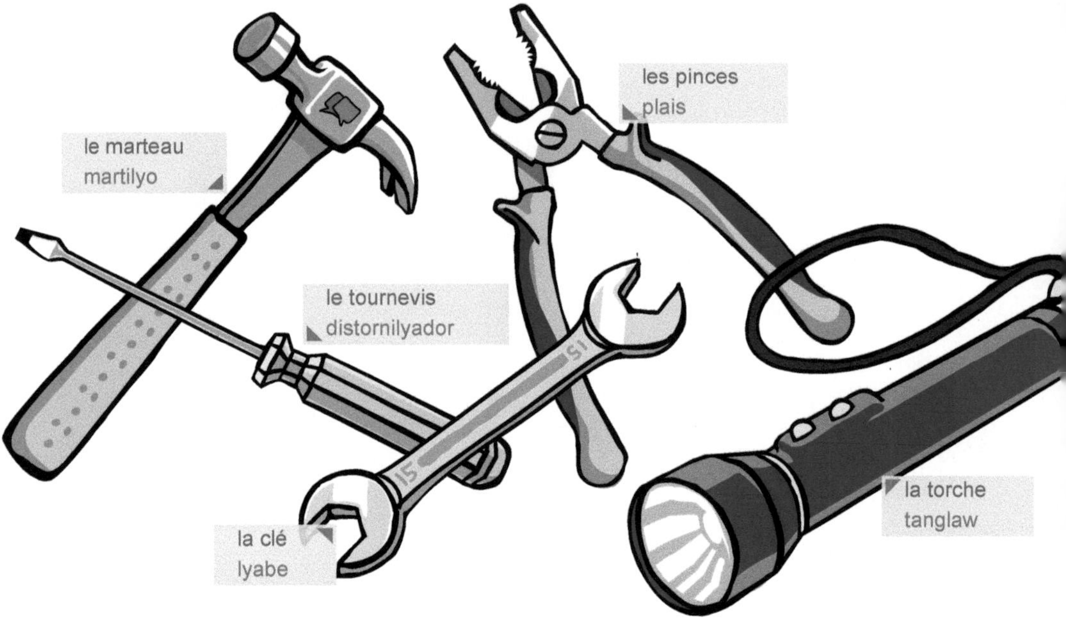

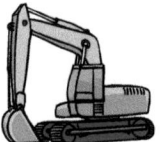

la pelleteuse

panghukay

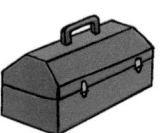

la boîte à outils

toolbox

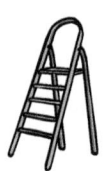

l'échelle

hagdan

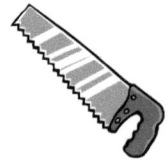

la scie

lagari

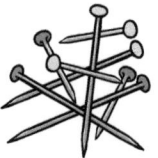

les clous

mga pako

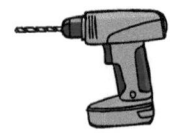

la perceuse

pambutas

réparer

kumpunihin

la pelle

pala

Mince !

Kainis!

la pelle

pandakot

le pot de peinture

palayok ng pintura

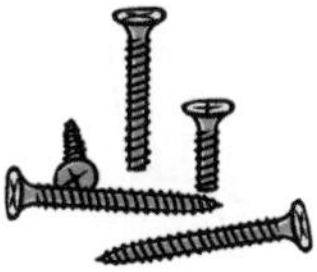

les vis

mga tornilyo

les instruments de musique
mga pangmusikang instrumento

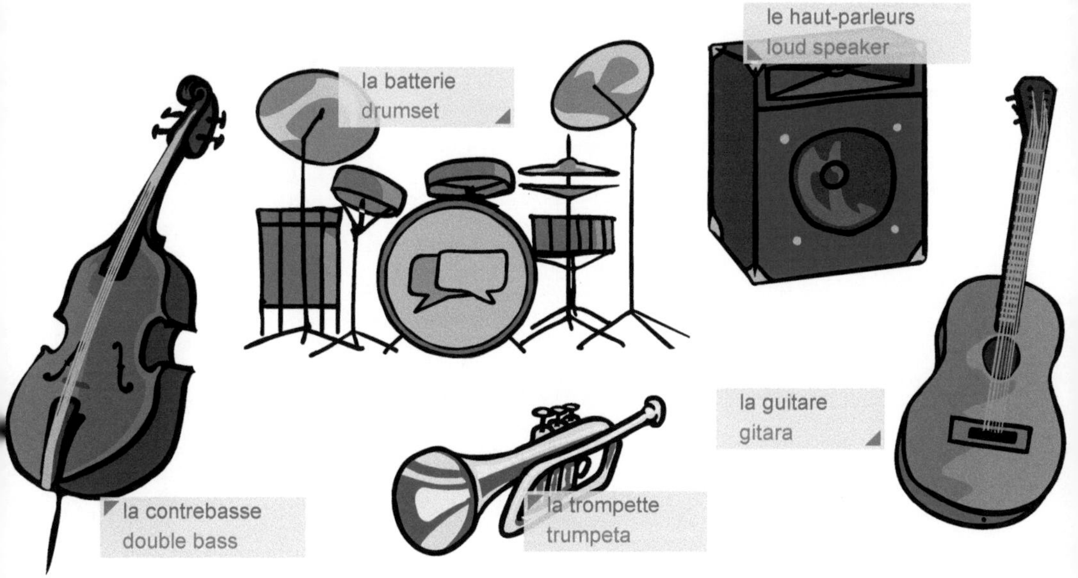

le haut-parleurs
loud speaker

la batterie
drumset

la contrebasse
double bass

la trompette
trumpeta

la guitare
gitara

le piano

piyano

le violon

biyolin

la basse

bass

les timbales

timpani

le tambour

mga drum

le piano électrique

keyboard

le saxophone

saksopon

la flûte

plauta

le microphone

mikropono

l'entrée
pasukan

le tigre
tigre

la cage
hawla

le zèbre
sebra

l'alimentation animale
pakain sa hayop

le panda
panda

les animaux

mga hayop

l'éléphant

elepante

le kangourou

kanggaro

le rhinocéros

rhino

le gorille

gorilya

l'ours

oso

le chameau

kamelyo

l'autruche

ostrich

le lion

leon

le singe

unggoy

le flamand rose

flamingo

le perroquet

loro

l'ours polaire

polar bear

le pingouin

penguin

le requin

pating

le paon

paboreal

le serpent

ahas

le crocodile

buwaya

le gardien de zoo

tagapag-alaga ng zoo

le phoque

seal

le jaguar

jaguar

le poney

buriko

le léopard

leopardo

l'hippopotame

hipo

la girafe

dyirap

l'aigle

agila

le sanglier

bulugan

le poisson

isda

la tortue

pagong

le morse

walrus

le renard

soro

la gazelle

gasel

l'american Football
Amerikanong putbol

le cyclisme
pamimisikleta

le tennis
tennis

le basket-ball
basketbol

la natation
paglalangoy

le hockey sur glace
ice-hockey

la boxe
boksing

le football
soccer

le badminton
badminton

l'athlétisme
atletiks

le handball
handball

le ski
skiing

le polo
polo

les activités
mga aktibidad

sauter
tumalon
embrasser
yakapin
rire
tumawa
marcher
lumakad
chanter
kumanta
rêver
mangarap
prier
magdasal
faire la bise
halikan

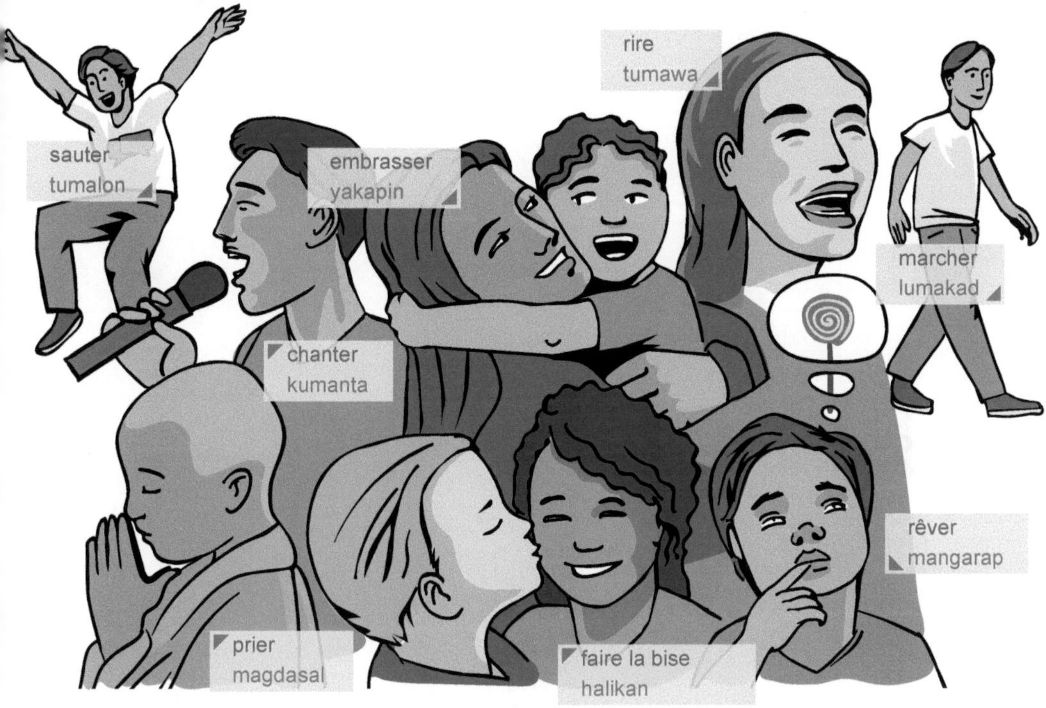

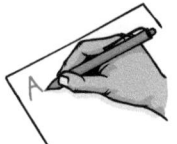

écrire

sumulat

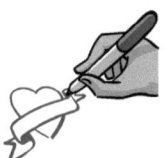

dessiner

gumuhit

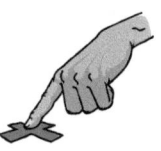

montrer

ipakita

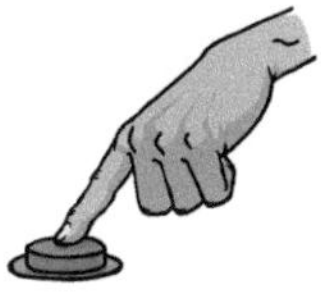

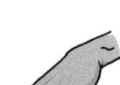

pousser

itulak

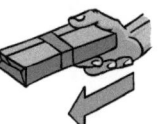

donner

magbigay

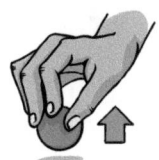

prendre

kunin

avoir

magkaroon

faire

gawin

être

maging

être debout

tumayo

courir

tumakbo

trier

hilahin

jeter

itapon

tomber

malaglag

être couché

mahiga

attendre

hintayin

porter

dalhin

être assis

umupo

s'habiller

magbihis

dormir

matulog

se réveiller

gumising

regarder

tumingin

pleurer

umiyak

caresser

estilo

peigner

magsuklay

parler

magsalita

comprendre

intindihin

demander

magtanong

écouter

makinig

boire

uminom

manger

kumain

ranger

linisin

aimer

mahal

cuire

magluto

conduire

magmaneho

voler

lumipad

faire de la voile

maglayag

calculer

kalkulahin

lire

basahin

apprendre

matuto

travailler

trabaho

se marier

pakasalan

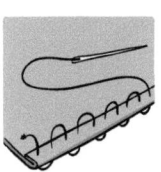

coudre

tahiin

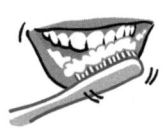

brosser les dents

magsipilyo ng ngipin

tuer

patayin

fumer

manigarilyo

envoyer

magpadala

la grand-mère
ola

le grand-père
lolo

le père
ama

la mère
ina

le bébé
sanggol

la fille
anak na babae

le fils
anak na lalaki

l'hôte
panauhin

la tante
tiya

l'oncle
tiyo

le frère
kuya

la sœur
ate

le corps
katawan

le front
noo
l'œil
mata
l'épaule
balikat
le doigt
daliri
le visage
mukha
le menton
baba
la main
kamay
la jambe
binti
la poitrine
suso
le bras
bisig

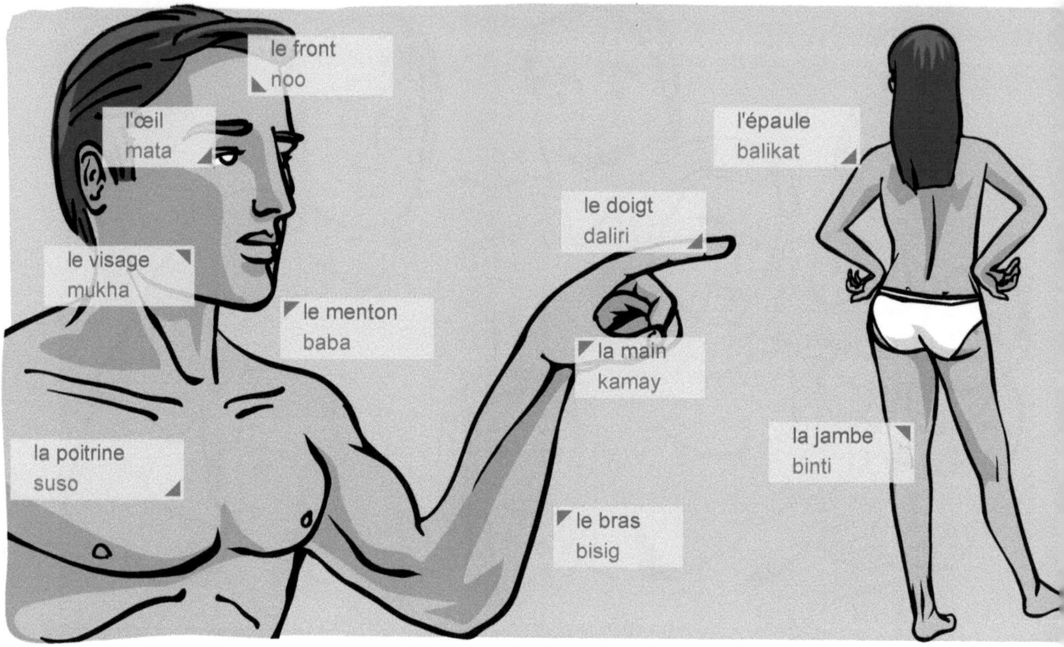

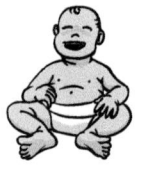

le bébé
sanggol

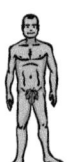

l'homme
lalaki

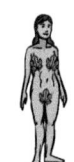

la femme
babae

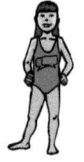

la fille
batang babae

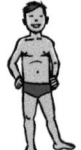

le garçon
batang lalaki

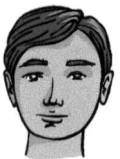

la tête
ulo

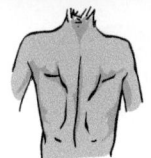

le dos

likod

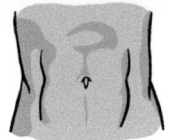

le ventre

tiyan

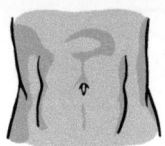

le nombril

pusod

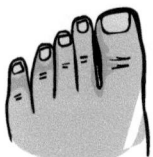

l'orteil

daliri ng paa

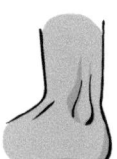

le talon

takong

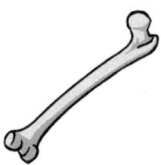

l'os

buto

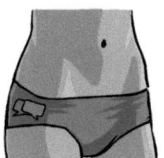

la hanche

balakang

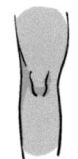

le genou

tuhod

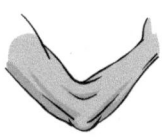

le coude

siko

le nez

ilong

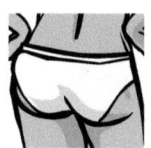

les fesses

gitna

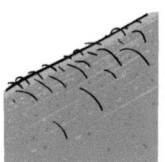

la peau

balat

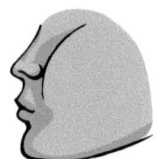

la joue

pisngi

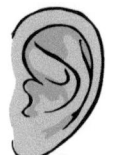

l'oreille

tainga

la lèvre

labi

la bouche

bibig

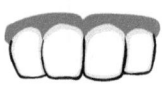

la dent

ngipin

la langue

dila

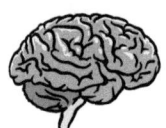

le cerveau

utak

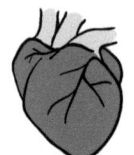

le cœur

puso

le muscle

kalamnan

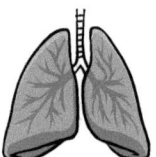

les poumons

baga

le foie

atay

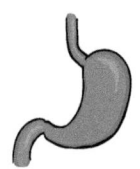

l'estomac

sikmura

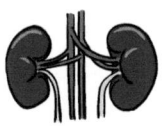

les reins

mga bato

le rapport sexuel

pagtatalik

le préservatif

kondom

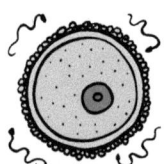

l'ovule

obyum

le sperme

semen

la grossesse

pagbubuntis

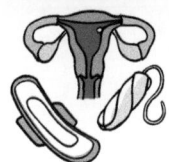

la menstruation

pagreregla

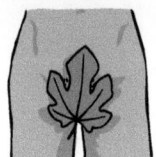

le vagin

vagina

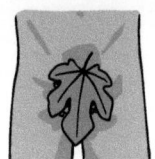

le pénis

ari ng lalaki

le sourcil

kilay

les cheveux

buhok

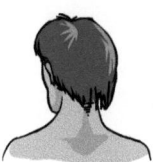

le cou

leeg

l'hôpital

ospital

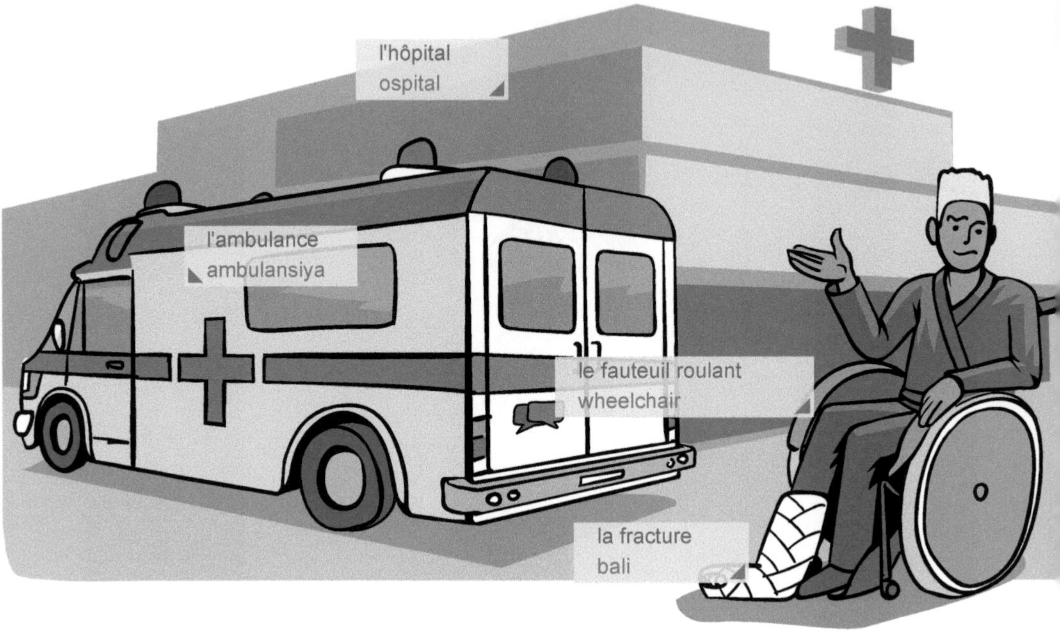

l'hôpital
ospital
l'ambulance
ambulansiya
le fauteuil roulant
wheelchair
la fracture
bali

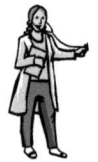

le médecin

doktor

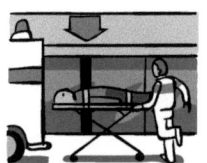

le service des urgences

silid pang-emergency

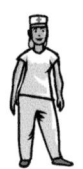

l'infirmière

nars

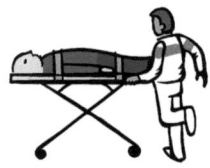

l'urgence

emerhensiya

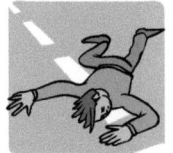

inconscient

walang malay

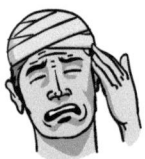

la douleur

pananakit

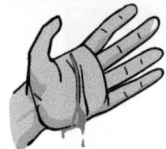

la blessure

pinsala

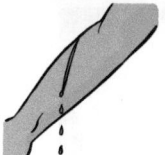

l'hémorragie

nagdurugo

la crise cardiaque

atake sa puso

l'attaque cérébrale

atake serebral

l'allergie

alerdye

la toux

ubo

la fièvre

lagnat

la grippe

trangkaso

la diarrhée

pagdudumi

le mal de tête

sakit ng ulo

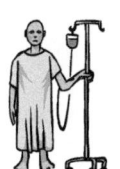

le cancer

kanser

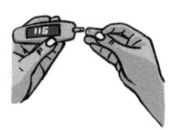

le diabète

diyabetis

le chirurgien

siruhano

le scalpel

iskalpel

l'opération

operasyon

le CT

CT

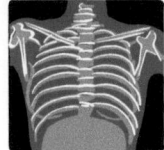

la radiographie

x-ray

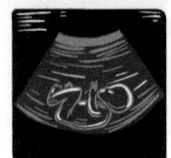

l'échographie

ultrasound

le masque

maskara sa mukha

la maladie

sakit

la salle d'attente

silid-antayan

la béquille

saklay

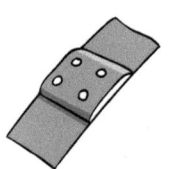

le pansement

plaster

le pansement

benda

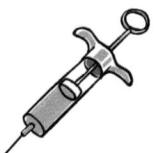

l'injection

iniksyon

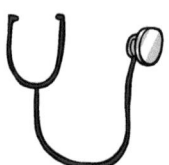

le stéthoscope

istetoskopyo

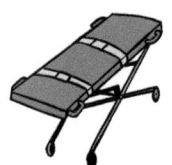

le brancard

estretser

le thermomètre

klinikal na termometro

l'accouchement

pagsilang

la surcharge pondérale

labis sa timbang

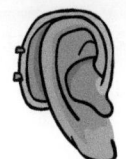

l'appareil auditif

hearing-aid

le désinfectant

pang-disimpekta

l'infection

impeksyon

le virus

bayrus

le VIH / le sida

HIV / AIDS

le médicament

medisina

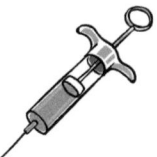

la vaccination

bakuna

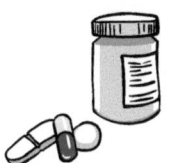

les comprimés

mga tableta

la pilule

tabletas

l'appel d'urgence

emergency na tawag

le tensiomètre

pagmamatyag sa presyon
ng dugo

malade / sain

may sakit / malusog

Au secours !

Tulong!

l'alarme

alarma

l'assaut

asulto

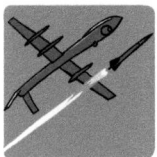

l'attaque

atake

le danger

panganib

la sortie de secours

labasang pang-emergency

Au feu!

Sunog!

l'extincteur

fire extinguisher

l'accident

aksidente

la trousse de premier
secours

kagamitan sa paunang
lunas

SOS

SOS

la police

pulis

l'Europe

Europa

l'Amérique du Nord

Hilagang Amerika

l'Amérique du Sud

Timog Amerika

l'Afrique

Aprika

l'Asie

Asya

l'Australie

Australia

l'Océan atlantique

Atlantika

l'Océan pacifique

Pasipiko

l'Océan indien

Dagat Indiano

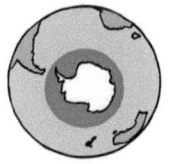

l'Océan antarctique

Dagat Antarktika

l'Océan arctique

Dapat Arktika

le Pôle nord

Hilagang polo

le Pôle sud

Timog polo

l'Antarctique

Antartika

la terre

mundo

le pays

lupa

la mer

dagat

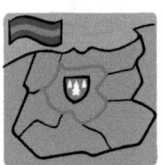

l'île

isla

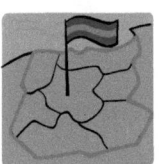

la nation

bansa

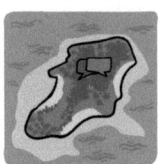

l'état

estado

le cadran

mukha ng orasan

l'aiguille des heures

orasang kamay

l'aiguille des minutes

minutong kamay

l'aiguille des secondes

segundong kamay

Quelle heure est-il ?

Anong oras na?

le jour

araw

le temps

oras

maintenant

ngayon

la montre digitale

digital na relo

la minute

minuto

l'heure

oras

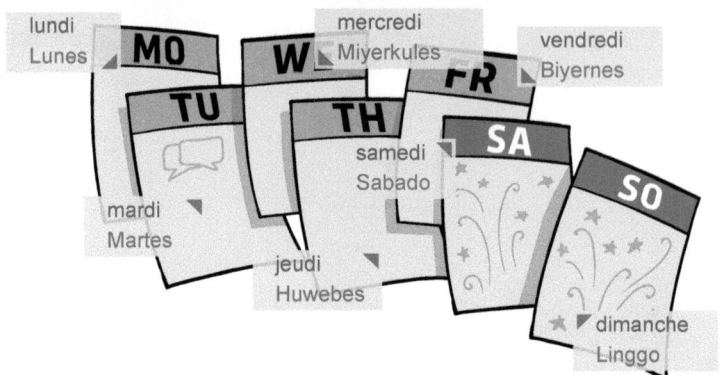

lundi
Lunes

mercredi
Miyerkules

vendredi
Biyernes

mardi
Martes

jeudi
Huwebes

samedi
Sabado

dimanche
Linggo

hier

kahapon

aujourd'hui

ngayon

demain

bukas

le matin

umaga

le midi

tanghali

le soir

gabi

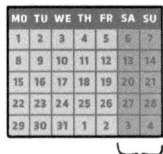

les jours ouvrables

mga araw ng negosyo

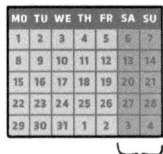

le week-end

katapusan ng linggo

l'année
taon

la pluie
ulan
l'arc-en-ciel
bahaghari
la neige
niyebe
le vent
hangin
le printemps
tagsibol
l'automne
taglagas
l'été
tag-init
l'hiver
taglamig

4.APRIL 11°
5.APRIL 4°
6.APRIL 13°
7.APRIL 8°
8.APRIL 10°

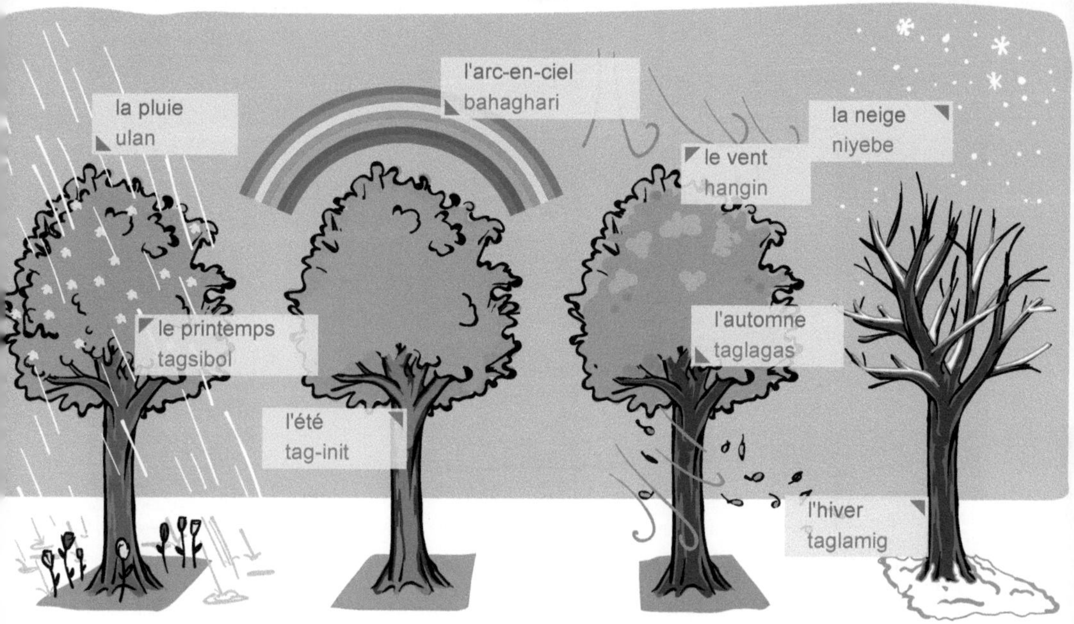

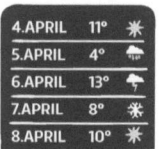

la météo
lagay ng panahon

F C
120 90 60 30 0 -30
40 30 20 10 0 -10 -20

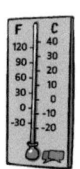

le thermomètre
termometro

la lumière du soleil
sikat ng araw

le nuage
ulap

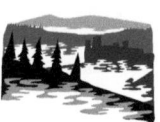

le brouillard
hamog

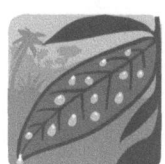

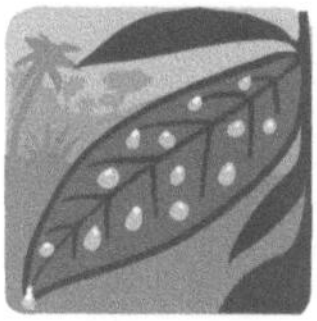

l'humidité
kahalumigmigan

la foudre

kidlat

la tonnerre

kulog

la tempête

bagyo

la grêle

may yelong ulan

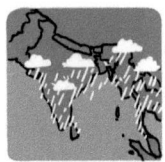

la mousson

tag-ulan

l'inondation

pagkain

la glace

yelo

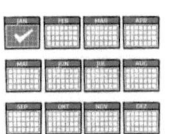

janvier

Enero

février

Pebrero

mars

Marso

avril

Abril

mai

Mayo

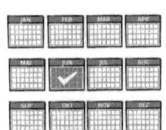

juin

Hunyo

juillet

Hulyo

août

Agosto

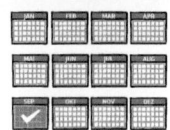

septembre

Setyembre

octobre

Oktubre

novembre

Nobyembre

décembre

Disyembre

les formes
mga hugis

le cercle

bilog

le carré

parisukat

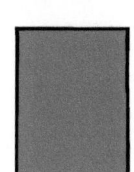

le rectangle

rektanggulo

le triangle

tatsulok

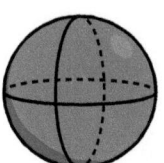

la sphère

pabilog

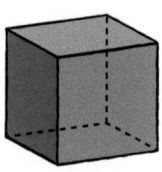

le cube

kyub

blanc

puti

jaune

dilaw

orange

kahel

rose

rosas

rouge

pula

violet

ube

bleu

asul

vert

berde

marron

brown

gris

grey

noir

itim

beaucoup / peu

marami / kakaunti

fâché / calme

takot / kalmado

joli / laid

maganda / pangit

le début / la fin

simula / katapusan

grand / petit

malaki / maliit

clair / obscure

matingkad / madilim

frère / soeur

kuya / ate

propre / sale

malinis / madumi

complet / incomplet

kumpleto / kulang

le jour / la nuit

araw / gabi

mort / vivant

patay / buhay

large / étroit

malawak / makipot

comestible / incomestible

nakakain / hindi nakakain

méchant / gentil

masama / mabuti

excité / ennuyé

nakakatuwa / nakakainip

gros / mince

mataba / payat

le premier / le dernier

una / huli

l'ami / l'ennemi

kaibigan / kaaway

plein / vide

puno / walang laman

dur / souple

matigas / malambot

lourd / léger

mabigat / magaan

faim / soif

gutom / uhaw

malade / sain

may sakit / malusog

illégal / légal

ilegal / legal

intelligent / stupide

matalino / tanga

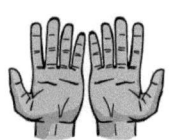

gauche / droite

kaliwa / kanan

proche / loin

malapit / malayo

les oppositions - magkasalungat

nouveau / usé

bago /gamit na

rien / quelque chose

wala /mayroon

vieux / jeune

matanda / bata

marche / arrêt

naka-on / naka-off

ouvert / fermé

bukas / sarado

faible / fort

tahimik / maingay

riche / pauvre

mayaman / mahirap

correct / incorrect

tama / mali

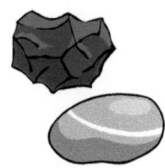

rugueux / lisse

magaspang / makinis

triste / heureux

malungkot / masaya

court / long

maikli / mahaba

lent / rapide

mabagal / mabilis

mouillé / sec

basa / tuyo

chaud / froid

maligamgam / malamig

la guerre / la paix

digmaan / kapayapaan

mga numero

0

zéro

sero

1

un / une

isa

2

deux

dalawa

3

trois

tatlo

4

quatre

apat

5

cinq

lima

6

six

anim

7

sept

pito

8

huit

walo

9

neuf

siyam

10

dix

sampu

11

onze

labing-isa

12

douze

labindalawa

13

treize

labintatlo

14

quatorze

labing-apat

15

quinze

labinlima

16

seize

labing-anim

17

dix-sept

labimpito

18

dix-huit

labing-walo

19

dix-neuf

labinsiyam

20

vingt

dalawampu

100

cent

daan

1.000

mille

libo

1.000.000

le million

milyon

l'anglais

Ingles

l'anglais américain

Amerikan na Ingles

le chinois mandarin

Tsinong Mandarin

le hindi

Hindi

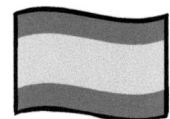

l'espagnol

Espanyol

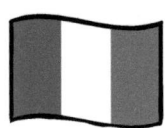

le français

Pranses

l'arabe

Arabe

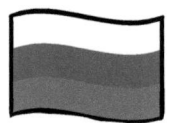

le russe

Ruso

le portugais

Portuges

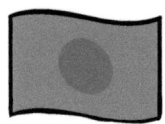

le bengali

Bengali

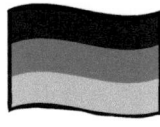

l'allemand

Aleman

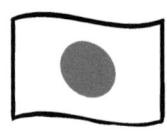

le japonais

Hapon

je
ako

tu
ikaw

il / elle / ce, c', cela
siya / siya / ito

nous
kami

vous
ikaw

ils / elles
sila

Qui ?
sino?

Quoi ?
ano?

Comment ?
paano?

Où ?
saan?

Quand ?
kailangan?

le nom
pangalan

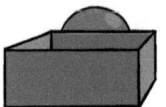

derrière

likuran

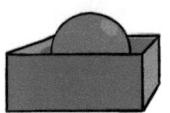

dans

saan

devant

sa harap ng

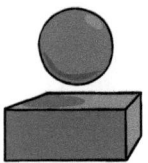

au-dessus

itaas

sur

sa

en-dessous

ilalim

à côté de

katabi

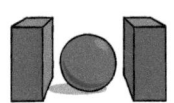

entre

pagitan

le lieu

lugar